Schwester Emmanuel

Kinder, helft meinem Herzen zu gewinnen!

Fatima geht weiter!

Vorwort von Bischof Hnilica
Zeichnungen von Pascale Nouailhat

Parvis-Verlag

Begleitwort der Autorin für die Eltern

Liebe Eltern!

Durch dieses Buch kann im Herzen Eures Kindes eine Quelle des Friedens und der Liebe entspringen, die in Eurer Familie und weit darüber hinaus fließen wird. Eure Rolle dabei ist sehr wichtig, denn es hängt von Eurer Hilfe ab, wie tief Euer Kind in dieses Abenteuer einzudringen vermag.

Was für eine Freude wird es z.B. für das Kind sein, wenn es sieht, daß Ihr ihm die Geschichte begeistert erzählt; welche Ermutigung, wenn es begreift, daß Ihr auf Euer Kind zählt, daß es die Botschaft in der ganzen Tiefe leben wird; welche Stärkung für das Kind, wenn Ihr es Schritt für Schritt hilfreich begleitet, und stolz seid über jeden seiner Siege; und wieviel gibt es Eurem Kind, wenn Ihr ihm nahe seid, bereit, auf seine Fragen zu antworten und ihm so Euer Bestes zu schenken.

Von ganzem Herzen Dank!

Von der gleichen Autorin:
- *Medjugorje, der Krieg Tag für Tag*, Parvis-Verlag, 1993
- *Medjugorje und die Kirche*, Parvis-Verlag, 1995

Als Kassette:
- *Fatima – Medjugorje*, Diakonia Kassettendienst, Haus St. Michael, Aspel 1, D-46459 Rees

Imprimatur

Ich habe das schöne Buch von Sr. Emmanuel «*Kinder, helft meinem Herzen zu gewinnen*» mit tiefer Ergriffenheit und Freude gelesen und fühle mich nicht nur geehrt, das Imprimatur dafür geben zu dürfen; ich empfehle, daß dieses Buch eine größtmögliche Verbreitung findet, denn ich bin davon überzeugt, daß es insbesondere bei den Kindern zu einem Triumph des Herzens Mariens beitragen wird.
Ich segne ganz besonders Sr. Emmanuel!

Gubbio, 13. Mai 1995

Kardinal Bernardino Echevarria, Erzbischof von Gayaquil, Ecuador

Vorwort

Meine lieben Kinder

Aus Anlaß des 50. Jahrestages der Erscheinungen der Muttergottes bei den Hirtenkindern habe ich am 13. Mai 1967 Papst Paul VI. nach Fatima begleitet.

Wir gingen in die Seitenkapelle der Basilika an das Grab von Jacinta, um zu beten, und dort brach Schwester Lucia in Tränen aus.

> Der Bischof von Fatima wandte sich mir zu und sagte:
>
> «Weißt du, warum Schwester Lucia weint?
>
> Weil sie glaubt, nicht alles getan zu haben, worum die Jungfrau Maria sie gebeten hatte. Es ist wahr, daß Jacinta, bevor sie starb, sie an diese Worte der Muttergottes erinnerte: "Lucia wird lange leben, nur deshalb, um in der Welt die Verehrung des Unbefleckten Herzens Mariens einzuführen, damit so das Gute über das Böse siegt."»

Ja, Lucia weinte, obwohl zwei Millionen Menschen mit dem Papst nach Fatima gekommen waren. Aber sie sah, daß der Triumph der Liebe Gottes, der von der Jungfrau Maria angekündigt worden war, noch in weiter Ferne lag.

Wißt Ihr, Kinder, weshalb die Mama im Himmel ihre Pläne der Liebe und des Friedens für alle Menschen noch nicht verwirklicht hat?

Weil sie Eure Hilfe braucht!

Wollt nicht auch Ihr – so, wie die drei Hirtenkinder von Fatima – Eure Herzen Maria schenken, damit auf der Erde endlich die Herrschaft der Liebe und des Friedens beginnt?

Die Mama braucht jeden von Euch, und sie sagt auch Euch:
«Kinder, helft meinem Herzen zu gewinnen!»

+Paolo Maria Hnilica SJ.

Msgr. Paolo Hnilica, S.J.
Bischof von Rusado
Rom, 13. Mai 1995

Eine wahre Geschichte!

Dies ist die Geschichte von drei kleinen, sehr armen Kindern aus Fatima in Portugal.

Wie alt waren sie?

Ungefähr so alt wie du. Die Größte, Lucia, war neun Jahre alt, die Kleinste, Jacinta, sechs Jahre und dazwischen der achtjährige Francisco.

Was sie taten?

Ganz einfach das, was alle Bauernkinder damals taten: Sie hüteten gemeinsam an den Berghängen die Schafe, ein Picknick in der Tasche, denn es waren Hirtenkinder. An den heißen Sommertagen suchten sie unter den Bäumen und im Schatten der Felsen Schutz vor der Sonne.

Oder sie spielten ganz einfach. Jacinta war sehr lebhaft und wollte immer gewinnen, während Francisco große Sanftmut und Zartgefühl an den Tag legte.

Seine große Freude war es, die Vögel zu beobachten und sie zu füttern. Er liebte es auch, anderen kleine Dienste zu erweisen. Während die anderen Kinder tanzten und umhersprangen, blieb er lieber allein, um auf der Flöte zu spielen oder zu singen.

Und das Gebet? Das war schnell erledigt! Nach dem Essen beteten sie zwar den Rosenkranz, aber damit es schneller ging, sagten sie bei jeder Perle nur: «Gegrüßet seist du, Maria.» So war der Rosenkranz in drei Minuten fertig. Warum? Weil sie möglichst schnell wieder spielen wollten!

Jacinta war entzückt von den kleinen weißen Lämmchen. Sie nahm sie auf den Schoß, umarmte sie und trug sie sogar auf ihren Armen mitten durch die Herde. Wenn man sie fragte, warum sie das tue, antwortete sie:

«Ich mache es wie Jesus auf dem Bild, das ich bekommen habe. Er trägt auch ein Lamm auf dem Arm!»

Die kleine Jacinta hatte ein sehr zärtliches Herz und manchmal nahm sie das Kreuz von der Wand, um Jesus zu küssen.

Eines Tages, es war vor Ostern im Jahr 1916, geschah etwas ganz Erstaunliches: Den Kindern erschien ein Engel. Er sah aus wie ein Junge von 14 Jahren, und er war sehr, sehr schön und weißer als der Schnee.

– Habt keine Angst, sagte er, ich bin der Engel des Friedens! Betet mit mir!

Dann lehrte der Engel die Kinder ein Gebet:

☆ **– Mein Gott, ich glaube an dich, ich bete dich an, ich hoffe auf dich, und ich liebe dich. Ich bitte dich um Verzeihung für alle, die nicht an dich glauben, dich nicht anbeten, nicht auf dich hoffen und dich nicht lieben.**

Die Kinder trauten ihren Augen und Ohren nicht! Sie begannen alles zu tun, was der Engel sie gelehrt hatte, und von diesem Tag an war ihr Herz von großer Freude erfüllt, um so mehr, weil der Engel ihnen gesagt hatte:

☆ **– Die Herzen von Jesus und Maria achten sehr aufmerksam auf eure Bitten.**

Ab jetzt also keine Rede mehr davon, den Rosenkranz gedankenlos herunterzurattern!

Von nun an verstanden unsere kleinen Hirtenkinder, daß Jesus und Maria ganz genau auch auf ihre kleinsten Gebete hörten… Warum? Weil Gott die Kinder so sehr liebt! Als Jesus auf der Erde war, hat er die Kinder oft zu sich gerufen, dann hat er sie umarmt und geküßt.

Und weil sie das wußten, haben Jacinta, Francisco und Lucia sich oft auf dem Feld niedergekniet und das Gebet des Engels gebetet. Im Sommer erschien ihnen der Engel wieder, als sie gerade in der Nähe des Brunnens spielten. Er sagte zu ihnen:

☆ **– Was tut ihr? Betet, betet viel! Bringt Gott, dem Allerhöchsten, immer Gebete und Opfer dar!**

Lucia fragte: «Wie sollen wir Opfer bringen?» Der Engel sah, daß die Kinder noch klein und unwissend waren, aber voll guten Willens. Er erklärte ihnen ganz geduldig, wie man Opfer bringt und warum die Opfer für Gott so wertvoll sind. Vor allem, wenn sie mit der ganzen Liebe des Herzens gebracht werden!

Es ist wohl unnötig, dir zu sagen, daß sich das Leben der Kinder nun vollkommen veränderte. Jeder sehnte sich nach einer Gelegenheit, ein kleines Opfer zu bringen, um es dann voll Freude Jesus und Maria schenken zu können.

Sie beklagten sich nicht mehr, wenn ihnen etwas weh tat oder wenn es ihnen zu heiß war. Lächelnd teilten sie ihr Brot und noch vieles mehr…!

All das bereitete ihr Herz aber nur auf ein neues, noch viel schöneres Ereignis vor als die Erscheinung des Engels. Errätst du, was es ist?

Eines Tages, am 13. Mai 1917, als die kleinen Hirten gerade ihre Herde hüteten und fröhlich dabei spielten, erschien ihnen eine ganz weiß gekleidete Dame in der Baumkrone einer grünen Eiche.

Diese Dame war so schön, so leuchtend, glänzender als die Sonne. Ihr Lächeln? Einfach entzückend! Ihr könnt euch vorstellen, wie überrascht und erstaunt die Kinder waren.

– Woher kommen Sie, meine Dame? fragte Lucia.

– Ich komme vom Himmel.

– Und was wollen Sie von mir?

☆ – Ich bin gekommen, um euch zu bitten, in den nächsten sechs Monaten immer am 13. zur gleichen Stunde wie jetzt hierherzukommen. Dann werde ich euch sagen, wer ich bin und was ich will.

– Und ich, werde ich auch in den Himmel kommen?

– Ja, du wirst dort sein.

– Und Jacinta?

– Auch.

– Und Francisco?

– Auch. Aber er muß noch viele Rosenkränze beten...

Und dann fragte sie die Kinder:

☆ **– Wollt ihr Gott anbieten, alle Leiden zu ertragen, die er euch schicken will, um die Sünden, durch die er beleidigt worden ist, wieder gutzumachen und als Bitte um die Bekehrung der Sünder?**

– Ja, das wollen wir.

Zu dieser Zeit waren die Menschen in großer Angst und Sorge, denn es gab überall Krieg, den schlimmen Ersten Weltkrieg. Und nun, während dieser Erscheinung, bat die Muttergottes die Kinder um etwas, das die Lösung werden sollte:

☆ **– Betet jeden Tag den Rosenkranz, damit die Welt den Frieden bekommt und der Krieg ein Ende nimmt.**

Nachdem sie das gesagt hatte, stieg sie langsam zum Himmel hinauf und verschwand.

Nach der Erscheinung drängten sich Francisco und Jacinta an Lucia heran, die ihnen jedes Wort der Jungfrau Maria wiederholte. Die kleine Jacinta konnte immer nur sagen:

«Wie schön ist diese Dame! Ach, was für eine schöne Dame!»

Einen Monat später, am 13. Juni, kam die Dame wieder, so wie sie es versprochen hatte, und ihr könnt euch denken, daß die Kinder schon ganz ungeduldig waren, sie wiederzusehen.

Lucia hatte eine gute Idee: Sie bat die Jungfrau Maria, sie alle mit in den Himmel zu nehmen. Maria antwortete, daß sie Francisco und Jacinta schon bald zu sich in den Himmel holen würde, nur Lucia nicht, denn sie sollte noch einen wichtigen Auftrag erfüllen. Sie sagte:

☆ **– Jesus braucht dich, damit alle Menschen mich kennen und lieben lernen. Er will, daß mein Unbeflecktes Herz in der ganzen Welt verehrt wird.**

Lucia fragte besorgt:
– Werde ich ganz allein bleiben?

☆ **– Nein, meine Tochter. Ich werde dich nie verlassen! Mein Unbeflecktes Herz wird deine Zuflucht sein, und der Weg, der dich zu Gott führt.**

Danach hüllte die Jungfrau sie alle drei in ein großes Licht... Oh, wie glücklich fühlten sie sich – wie eingehüllt in die Freude des Himmels!

Dann sahen sie nahe bei der rechten Hand Mariens ein Herz, und dieses Herz war von Dornen umgeben, von grausamen Dornen, die es verwundeten.

Die Kinder verstanden, daß dieses Herz das Herz von Maria war – ihr ganz reines, Unbeflecktes Herz, welches uns Menschen auf der Erde so sehr liebt, das aber wegen unserer Sünden furchtbar leidet.

Die Kinder bewahrten alle diese Dinge in ihrem Herzen und erfüllten jeden Tag ganz genau die Bitten der Muttergottes. Ihr Leben hatte sich völlig verändert, denn von jetzt an trugen sie ein großes Geheimnis in sich, einen großen Schatz…

Leider glaubte Lucias Familie nicht an die Erscheinungen und behandelte sie als Lügnerin. Die arme Lucia wurde sogar manchmal von ihrer Mutter mit dem Besenstiel geschlagen!

Verloren die Kinder den Mut dabei?

Überhaupt nicht. – Im Gegenteil!

Die Erinnerung an die «Dame» war eine solche Freude für ihre Herzen!

Einen Monat später, am 13. Juli, erschien die Jungfrau Maria erneut, aber dieses Mal waren Tausende von Menschen um die Kinder versammelt. Die Jungfrau forderte sie auf, **sich für die Sünder zu opfern** – Opfer für ihre Bekehrung zu bringen.

Dann geschah etwas vollkommen Überraschendes: Sie zeigte den Kindern die Hölle, diesen schrecklichen Ort, wo die Seelen jener Menschen hinkommen, die nicht mit Gott zum Himmel gehen möchten, weil sie seine Liebe nicht annehmen wollen. Was für ein Schreck! Niemals hätten die Kinder gedacht, daß es so etwas gibt!

☆ Glücklicherweise erklärte ihnen die Muttergottes sofort eine Möglichkeit, wie die Menschen sich vor dieser großen Gefahr schützen können: Durch **die Hingabe an ihr Unbeflecktes Herz** (wir erklären dir noch, was das heißt) **und auch durch die Weihe Rußlands an das Unbefleckte Herz** durch den Heiligen Vater.

Am 13. August, als die Jungfrau Maria den Kindern wieder erscheinen sollte, kam ein Herr, der sehr freundlich tat, um sie alle drei mitzunehmen. Aber schnell begriffen die Kinder seine Bosheit, denn er steckte sie für drei Tage ins Gefängnis!

Jacinta weinte, weil ihre Eltern sie nicht besuchen konnten. Franciscos größter Kummer dagegen war, daß sie das Treffen mit der Heiligen Jungfrau verpaßt hatten.

– Unsere Liebe Frau war vielleicht traurig, sagte er, weil wir nicht zur Cova da Iria gekommen sind, und es könnte gut sein, daß sie uns nun nicht mehr erscheint. Und ich – ich hätte sie so gerne gesehen!

Aber er war auch der erste, der Jacinta tröstete. Er schlug ihr vor, alle ihre Leiden für die Bekehrung der Sünder zu opfern.

Dann geschah das Schlimmste von allem: Ein Polizist machte einen Kessel mit kochend heißem Öl fertig und wollte die Kinder zwingen, das Geheimnis zu verraten, das ihnen die Muttergottes gegeben hatte.

– Wenn ihr euch weigert, drohte er, werde ich euch in dem Öl braten!

Aber die Kinder waren stärker als der Polizist, weil die Liebe von Maria und Jesus in ihren Herzen war. Sie hatten nicht einmal Angst!

– Wenn sie uns töten, sagte Francisco, werden wir bald im Himmel sein. Was für ein Glück! Alles andere ist mir egal.

Nach drei Tagen Verhör, als der Polizist sah, daß seine kleinen Gefangenen lieber sterben wollten, als das Geheimnis zu verraten, brachte er sie nach Fatima zurück.

Sie waren ihm also glücklich entkommen!

So kam es, daß die Jungfrau ihnen am 19. August wieder erschien.

☆ **– Ich möchte, daß ihr weiterhin immer am 13. zur Cova da Iria kommt,** sagte sie, **und daß ihr auch weiter jeden Tag den Rosenkranz betet. Am letzten Tag werde ich das versprochene Wunder wirken, damit alle glauben.**

Und mit traurigem Gesicht fügte sie hinzu:

☆ **– Betet, betet viel und bringt Opfer für die Sünder, denn viele Seelen kommen in die Hölle, weil es niemanden gibt, der für sie opfert und betet.**

Die Kinder waren von diesen Worten tief beeindruckt und fanden immer wieder Gelegenheiten, ein Opfer zu bringen, um auf diese Weise viele Seelen zu retten.

Wie versprochen, kam die Jungfrau am 13. September und am 13. Oktober wieder.

Obwohl es in Strömen regnete, war an diesem Tag – dem 13. Oktober – eine riesige Menschenmenge gekommen: ungefähr 70000 Personen. Natürlich warteten alle auf das versprochene Wunder.

Als die Muttergottes erschien, sagte sie zu Lucia, sie sei «Unsere Liebe Frau vom Rosenkranz». Sie wünsche, man solle aus Liebe zu ihr eine Kapelle bauen und **jeden Tag den Rosenkranz beten**. Sie sagte auch, der Krieg werde zu Ende gehen. Was für eine gute Nachricht!

Dann geschah das Wunder: Plötzlich hörte der Regen auf, die Sonne drehte sich um sich selbst und sandte nach allen Seiten Lichtstrahlen in verschiedenen Farben aus. Nun hörte man Schreie in der Menge: Die Leute glaubten, daß die Sonne in ihrem Tanz auf sie herabfallen würde! Aber nein, sie hielt still und kehrte an ihren normalen Platz zurück.

Während dieser Zeit sahen unsere kleinen Hirten neben der Sonne den heiligen Josef. Er hielt das Jesuskind in seinen Armen, und die Jungfrau Maria war bei ihm, in einen schönen blauen Mantel gekleidet. Der heilige Josef und Jesus segneten die Welt, indem sie mit ihren Händen Kreuzzeichen machten.

Das war die letzte «Erscheinung von Fatima», aber die Geschichte hört hier nicht auf – im Gegenteil!

Die drei Kinder bewahrten die Worte der Muttergottes in ihrem Herzen. Aus Liebe zu ihr beteten sie eifrig jeden Tag, denn sie wußten, daß Maria auch das allerkleinste Wort hörte, das sie mit ganzem Herzen zu ihr sprachen.

Oft sagten sie: «Schau, ich werde diese leckere Apfelsine oder diese süßen Trauben nicht essen, ich bringe dieses Opfer für die Sünder!» Auch taten sie ihre Arbeit ruhig und ohne sich jemals zu beklagen.

Sehr oft wurden sie von den Leuten verspottet und verachtet. Einige Male warfen Kinder sogar Steine nach ihnen... aber schlugen sie wütend zurück? Nein, sie hielten das alles geduldig aus und beteten sogar für die, die ihnen Böses taten.

Die Jungfrau Maria hatte gesagt, daß sie bald kommen würde, um Jacinta und Francisco mit sich zu nehmen, und sie hielt ihr Versprechen. Francisco wurde krank – genau ein Jahr nach dem Sonnenwunder. Während seiner Krankheit, als er in seinem Bett Schmerzen ertrug, rief er oft Jacinta und Lucia zu sich und sagte ganz leise:

☆ – Ist Jesus noch traurig? Das tut mir weh! Das ist wegen der vielen Sünden! Wir dürfen nie mehr sündigen! Ach, könnte ich ihn doch trösten! Ich bringe alle Opfer, die ich bringen kann. Bald werde ich im Himmel sein... Dort werde ich Jesus und die Jungfrau Maria sehr trösten!

Ich möchte beichten. Sagt mir doch, wenn ihr gesehen habt, daß ich sündige.

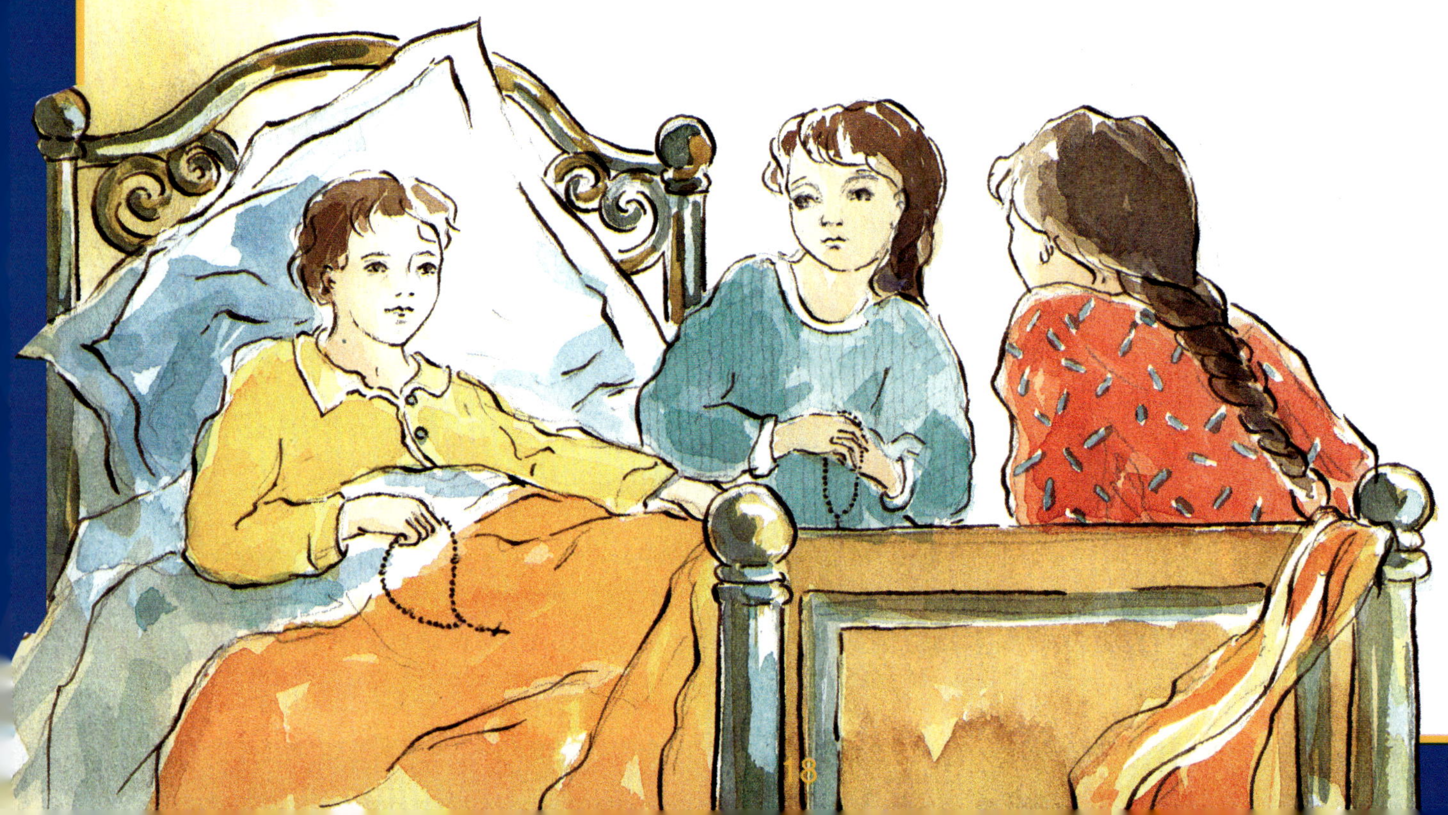

– Ja, antwortete Lucia. Du hast deiner Mutter nicht gehorcht, als sie dir sagte, du sollst zu Hause bleiben; sondern du bist weggerannt, um zu mir zu kommen und dich zu verstecken.

– Das ist wahr…

Jacinta erinnerte sich daran, daß er seinem Vater ein Geldstück gestohlen hatte, um seinem Freund José eine Mundharmonika zu kaufen…

– Vielleicht ist Jesus wegen dieser Sünden so traurig! Aber auch wenn ich nun nicht sterben würde, würde ich sie nie mehr begehen. Jetzt bereue ich sie!

Dann betete er noch das Gebet des Engels, beichtete und erhielt die Erlaubnis, die Erstkommunion zu empfangen. Er war außer sich vor Freude!

– Heute, sagte er zu seiner Schwester, bin ich glücklicher als du, weil ich den verborgenen Jesus in meinem Herzen trage.

Am Tag vor seinem Tod blieb Lucia bei ihm. Er bat sie, den Rosenkranz für ihn zu beten, denn er konnte kaum noch sprechen. Als die Nacht hereinbrach, verließ sie ihn mit Tränen in den Augen.

– Auf Wiedersehen, Francisco! Wenn du diese Nacht in den Himmel kommst, vergiß mich dort oben nicht, hörst du?

– Nein, du kannst beruhigt sein, ich werde dich nicht vergessen.

Und am Morgen kam die Muttergottes ihn holen. Er rief:

Oh, Mama! Was für ein schönes Licht, da, an der Tür!

Francisco war erst zehn Jahre alt. Stellt euch die Freude Jesu vor, seinen kleinen Freund im Himmel zu empfangen, der ihn auf Erden so sehr getröstet hatte.

Jacinta wurde ebenfalls krank, und sie mußte eineinhalb Jahre lang eine Lungenkrankheit ertragen, ehe «die Dame» sie – wie versprochen – in den Himmel mitnahm. Ihr Gesicht strahlte einen so großen Frieden aus, daß viele Menschen sie sehen und an ihrem Bett bleiben wollten.
– Ach, könnte ich doch auf den Berg fliehen, um dort allein meinen Rosenkranz zu beten!, sagte sie nach all diesen Besuchen.

Aber eines Tages kam «die Dame» selbst sie besuchen! Sie zeigte ihr viele Dinge, die für die Zukunft Portugals und der ganzen Welt sehr wichtig waren. Da stand Jacinta, obwohl sie so schwach war, heimlich in der Nacht auf, um zu beten. Und als Lucia sie besuchen kam, rief sie aus:

– Ich denke an unseren Herrn und an seine göttliche Mutter, an die Sünder und an den Krieg, der kommen wird. So viele Menschen werden sterben! So viele Häuser werden zerstört! Priester getötet! Was für ein Kummer! Wenn man aufhören würde, unseren Herrn zu beleidigen, würde der Krieg nicht kommen…

Lucia hörte ihrer kleinen Kusine sehr aufmerksam zu, denn manchmal vertraute die Jungfrau Jacinta bestimmte Mitteilungen für sie an.

Und so erklärte Jacinta ihr eines Tages sehr deutlich, was die Jungfrau wünschte:

☆ **– Ich werde schon bald in den Himmel kommen,** sagte sie**. Aber du wirst hier bleiben, um allen zu sagen, daß Gott in der Welt die Verehrung des Unbefleckten Herzen Mariens einführen will.**

Wenn der Augenblick gekommen ist, es zu sagen, dann verstecke dich nicht. Sag allen:

- **daß Gott uns seine Gnaden durch das Unbefleckte Herz Mariens schenkt;**
- **daß man von ihr die Gnaden erbitten muß;**
- **daß Jesus möchte, daß man zusammen mit seinem Herzen auch das Unbefleckte Herz Mariens verehrt;**
- **daß man den Frieden vom Unbefleckten Herzen Mariens erbitten soll, weil sie es ist, der Gott den Frieden anvertraut hat.**

Dann sagte Jacinta noch: **«Ach, könnte ich doch allen das Feuer ins Herz legen, das in meiner Brust brennt und mich so sehr das Herz Jesu und das Herz Mariens lieben läßt!»**

Diese Worte vergaß Lucia niemals. Sie haben sich ihr bis heute fest eingeprägt!

Bei einem ihrer Besuche teilte die Muttergottes Jacinta mit, an welchem Tag sie sterben werde. Das war im Krankenhaus von Lissabon. Als der Abend dieses Tages gekommen war, bat Jacinta die Krankenschwester, den Priester zu rufen, damit sie beichten und ihre erste heilige Kommunion empfangen könne. Sie wünschte sich so sehr, den in der Hostie verborgenen Jesus in ihrem Herzen zu tragen, um diese Erde mit ihm zu verlassen!

Der Priester kam, und Jacinta konnte beichten und das Sakrament der Krankensalbung empfangen. Aber die Kommunion wollte der Priester ihr nicht geben, sondern er versprach, sie am nächsten Tag zu bringen (er glaubte nämlich nicht, daß Jacinta so schnell sterben würde). Als er jedoch am nächsten Morgen wiederkam, war es schon zu spät! Die Jungfrau Maria hatte ihr Versprechen gehalten und ihr geliebtes kleines Kind, das in seinem großen Krankenzimmer alleingelassen worden war, bereits abgeholt...

So kamen Francisco und Jacinta, die beiden kleinsten der drei Hirtenkinder von Fatima, in den Himmel und ließen ihre Kusine Lucia als einzige Überlebende zurück. Welch ein Kummer für Lucia, ihre zwei Gefährten nicht mehr bei sich zu haben! Glücklicherweise hatten sie versprochen, ihr immer vom Himmel aus zu helfen, und genau das geschah dann auch.

Was ist aus Lucia geworden? Sie zeigte großen Mut bei der Erfüllung dieser besonderen Aufgabe, die Maria ihr anvertraut hatte. Sie beschloß, nicht zu heiraten, sondern verborgen in einem Kloster in Portugal zu leben, um besser beten und sich für die Sünder opfern zu können.

Und sie lebt heute – 1996 – immer noch! Papst Johannes Paul II. liebt sie sehr. Er hat sie in ihrem Kloster besucht, um mit ihr zu sprechen. Und ihn hat die Heilige Jungfrau auch erwählt, damit er diesen großen Wunsch des Himmels für unsere Zeit erfüllt:

Im Jahre 1984 hat er Rußland und die ganze Welt feierlich dem Unbefleckten Herzen Mariens geweiht, und alle Bischöfe der Welt haben es am gleichen Tag ebenfalls getan. Unsere Schwester Lucia hat sich riesig gefreut. Endlich hatte die Kirche das getan, worum die Muttergottes Francisco, Jacinta und sie selbst während der Erscheinungen gebeten hatte!

Damals sagte Lucia ganz einfach:

– Jetzt ist meine Aufgabe erfüllt, und ich kann sterben.

Aber nein, sie ist nicht tot! Ob die Muttergottes sie noch auf der Erde braucht? Ganz sicher! Denn sie kommt noch manchmal zu ihr ins Kloster, um mit ihr zu sprechen. Aber das ist eine andere Geschichte, und nur Lucia wird uns eines Tages dieses Geheimnis verraten...

Und weil Lucia die Botschaften von Maria allen weitergesagt hat, haben schon unzählbar viele Kinder und Erwachsene in der ganzen Welt das so gute und zärtliche Herz unserer Mama im Himmel kennen und lieben gelernt. Sie haben sich in das Unbefleckte Herz Mariens verliebt! Und ich glaube, dir wird bald das gleiche passieren…

Fatima

Hast du erraten, was das Schönste an dieser Geschichte ist und worin sie sich von anderen Geschichten unterscheidet?

Viele Geschichten sind sehr spannend, aber ganz und gar erfunden.

Es gibt auch Geschichten, die sind wahr, aber schon längst vorbei. Sie gehören der Vergangenheit an.

Was ist also das Besondere an unserer Geschichte mit den Kindern von Fatima?

«Am Ende, wird mein Unbeflecktes ❤

Das heißt, sie ist ganz sicher, daß sie gewinnen wird – aber mehr oder weniger schnell... Natürlich möchten wir gerne, daß sie so schnell wie möglich gewinnt, **vor allem, wenn wir auf ihrer Seite stehen!**

geht weiter!

Nun, unsere Geschichte… sie ist nicht nur vollkommen wahr, sie ist auch noch nicht zu Ende; sie geht heute noch weiter, zusammen mit der Jungfrau Maria!

Man kann sogar sagen, daß es viel mehr als eine Geschichte ist, **es ist ein echtes Abenteuer!** Und die drei Kinder von Fatima haben dieses Abenteuer nur begonnen…

Aber wie wird es enden… und mit wem? Wer wird bei diesem Abenteuer mitmachen, und was gibt es dabei zu tun?

Na, du und deine Freunde, ihr werdet dabei sein, ebenso wie alle Kinder, die der Jungfrau Maria und ihrem Unbefleckten ❤ gern helfen wollen.

triumphieren!»

Es gibt noch so viele Siege zu erringen! Zum Beispiel über die Bosheit, über den Neid, über den Krieg…

Im Laufe dieses Abenteuers werdet ihr, liebe Kinder, **drei wichtige Dinge zu tun** haben, die wir noch genauer erklären werden.

Wenn du wissen willst, wann das Abenteuer enden wird, ob in einem Jahr, in zehn oder in hundert Jahren… nun, das weiß man noch nicht, weil das von euch allen abhängt, die ihr mitmacht, und von eurem Mut.

Aber eines ist sicher: Das Abenteuer wird gut ausgehen! Denn die Muttergottes hat den Kindern von Fatima dieses große Versprechen gegeben:

«Am Ende wird mein Unbeflecktes ❤ triumphieren!»

Was können wir also tun…?

1°

Mit dem ❤ beten

Drei Dinge, und von ihnen ist das erste ganz einfach, weil der Engel von Fatima es den Kindern selbst erklärt hat:

- **Es ist das GEBET.**

Er hat zu ihnen gesagt:

«Betet mit mir! Die ❤ von Jesus und Maria hören aufmerksam auf eure Bitten!»

Wenn man jemanden liebt, dann achtet man auf ihn und hört sehr aufmerksam auf alles, was er uns sagt.

Wenn du also von ganzem ❤ betest, **hören Jesus und Maria dir sehr genau zu.** Sie sind glücklich, daß du zu ihnen sprichst und dich mit ihnen beschäftigst. So viele Menschen sprechen niemals mit ihnen! So viele Menschen verhalten sich ihnen gegenüber eiskalt!

Jesus war so glücklich, weil Francisco liebevoll mit ihm sprach, um ihn zu trösten! Auch du kannst zu einem Bild von Jesus oder vor ein Kreuz gehen und dein ❤ zu ihm sprechen lassen.

Der Engel des Friedens

Jesus und seine Jünger

Rosenkranzgebet in der Familie

Erzähle ihm zum Beispiel, worüber du glücklich bist oder worunter du leidest. Oder bitte ihn einfach, daß er dir hilft, ihn besser kennenzulernen, damit du ihn noch mehr lieben kannst.

Heute liebst du ihn schon ein klein wenig, aber es wäre wunderbar, wenn du ihn morgen noch mehr lieben würdest und so jeden Tag etwas mehr!

Du könntest werden wie Francisco oder Jacinta, die immer an Jesus dachten – so sehr liebten sie ihn!

Genau so ist es mit der Muttergottes: **Sie erwartet dich wie eine liebe Mutter**, die ihr Kind an ihr ❤ drükken will. Du brauchst nur voll Vertrauen zu ihr zu sprechen.

Und du kannst ihr alles sagen!

Weißt du, welche Gebete Jesus und Maria besonders lieben? Die der Kinder.

Also... nütze es aus!

vor allem den Rosenkranz

Wenn du betest, ist das Wichtigste, daß du es **mit ganzem ❤ tust**, so, wie wenn du dich bemühst, etwas besonders gut zu machen.

Natürlich ist auch das, was du sagst, von Bedeutung. Du kannst die Worte ganz allein finden oder auch die schönen Gebete lernen, die es schon gibt, um sie Gott und Maria zu schenken.

Das Gebet ist eine sehr mächtige Waffe, um das Böse zu vertreiben und Satan zu besiegen.

(Du wirst auf der Seite 54 Ideen für Gebete finden.)

2° Die kleinen Opfer

Auch die zweite Sache wird dich sehr interessieren: Sie ist ein besonders starkes Mittel, um gegen das Böse zu siegen.

Es ist das OPFER.

Schon ein kleines Opfer, das Jesus und Maria geschenkt wird, kann viel Schlimmes verschwinden lassen, um dem Guten Platz zu machen! Deshalb hatte der Engel die Kinder von Fatima gebeten:

> **«Bringt Gott dem Allerhöchsten ständig Gebete und Opfer dar.»**

Und du erinnerst dich: Kurz bevor sie ihnen die Hölle zeigte, hatte Maria sie ebenfalls gebeten, sich für die Sünder zu opfern:

> **«Wenn ihr ein Opfer bringt, sagt oft: "O Jesus, das ist aus Liebe zu dir und für die Bekehrung der Sünder..."»**

Du mußt wissen, daß ein Opfer, **bevor man es tut,** (also wenn man sich gerade erst dafür entscheidet), immer ein bißchen schwer fällt. **Während man es tut, ist** es schon nicht mehr so schlimm, und **danach** ist es immer eine große Freude, denn unsere Liebe zu Jesus war stärker als unser Egoismus.

Sicher hast du es schon selbst gemerkt: Wenn du deine Schokolade, die du gerne selbst essen wolltest, jemand anderem gibst, fällt dir das ziemlich schwer. Aber danach ist dein ❤ ganz glücklich, und du hast Jesus und Maria ein wunderschönes Geschenk anzubieten.

Aber das Schönste ist (das wußtest du bestimmt noch nicht!), daß Jesus und Maria wie **Schatzsucher** sind.

Ständig ziehen sie durch die Welt, um zu sehen, ob sie nicht ein Kind finden, das ihnen ein **Opfer als Geschenk** vorbereitet hat. Und wenn sie eines finden, dann nehmen sie das Opfer schnell, und... weißt du, was sie damit machen? Sie eilen damit jemandem zu Hilfe, der in Gefahr ist, oder der in Sünde und Dunkelheit lebt, oder zu jemandem, der ein schlimmes Verbrechen vorhat.

Wegen deines Opfers, welches du mit ganzem ❤ gebracht hast, werden sie diesen Menschen so viel Licht und Gnaden schenken, daß das Böse in ihren Herzen verschwindet.

Und wo geschieht das? Nun, das ist ihr Geheimnis, denn nur sie allein wissen, wo gerade am dringendsten Hilfe gebraucht wird. Vielleicht in deiner Stadt, vielleicht in einem anderen Land...? Eines Tages, im Himmel, wirst du es wissen.

Weißt du, daß du durch deine Gebete und deine Opfer sogar Kriege verhindern kannst? Das ist unglaublich, aber wahr!

Satan mag es überhaupt nicht, wenn man Opfer bringt, weil ihn das daran hindert, seine schmutzige Arbeit zu tun. Das Opfer ist also die zweite Waffe, um ihn zu besiegen.

Eines Tages wird Jesus kommen, um dich in den Himmel mitzunehmen. Was für eine Überraschung wird es dann für dich sein, Menschen bei ihm zu sehen, die zu dir sagen:

«Vielen Dank! Erinnerst du dich daran, als du klein warst? Eines Tages, als dein Bruder dich verspottete, hast du beschlossen, nicht mit frechen Worten darauf zu antworten! Und wegen dieses Opfers, das du gebracht hast, hat Jesus mir geholfen, nicht mehr – so wie sonst – zu lügen, und nun bin ich mit ihm im Himmel!»

Und du wirst denken: «Oh, wie gut, daß ich dieses schwere Opfer gebracht habe. Ich hatte keine Ahnung, daß so etwas dabei herauskommen würde. Das ist ja wunderbar!»

(Du wirst auf der Seite 55 Ideen für Opfer finden.)

3°

Die Weihe an das

Die dritte Sache ist ganz neu für dich, und du wirst darüber ebenso erstaunt sein, wie es die kleinen Hirten von Fatima waren.

Es ist die WEIHE DEINES ❤ AN DAS UNBEFLECKTE ❤ MARIENS.

Was das heißt?

Eine Weihe ist wie ein Austausch, und sogar noch besser als ein Tausch.

Du hast bestimmt schon mal einen Tausch gemacht. Da gibst du jemandem etwas, das dir gehört, und dafür gibt dir der andere etwas, das ihm gehört. So bekommt jeder von euch beiden eine neue Sache, und jeder ist zufrieden, daß er dem anderen damit eine Freude machen konnte.

Mit der Heiligen Jungfrau kannst du ebenfalls einen Tausch machen. Nur ist es mit ihr viel besser, denn **sie ist die reichste Frau der Welt** (die Königin des Himmels und der Erde, über allen anderen Königinnen!), und sie liebt es sehr, ihre Reichtümer zu verschenken.

Unbefleckte ❤

Außerdem sind ihre Geschenke keine materiellen Dinge, die einmal zu Ende gehen oder zerbrechen; nein, es sind unvergängliche Dinge, die niemals ihre Schönheit verlieren werden.

Unter all den Schätzen, die sie zu verschenken hat, gibt es einen besonderen, den sie gerne mit dir teilen möchte. **Dieser Schatz ist ihr reines, ganz unbeflecktes ❤**; ein ❤, das so weit ist wie der Himmel und so rein wie ein Kristall. Ein ❤, das an nichts anderes denkt, als zu trösten, zu heilen, frohe Überraschungen zu bereiten, gute Ideen zu schenken... Ein ❤, das niemals leer oder müde ist. Also ein so wunderbares ❤, daß es **ein echtes Glück ist, wenn man es besitzt!**

Aber was kann sie sich dafür von dir wünschen? Siehst du unter deinen eigenen Sachen etwas, das schön genug wäre, um es gegen das Herz Mariens einzutauschen, das so gut und so groß ist? Denk gut nach...! Vielleicht bist du traurig, daß du kein Geschenk weißt, das schön genug ist für den Austausch mit ihrem ❤.

Nein! Sei nicht traurig! Sie kennt ja alles, was du hast, und sie hat bei dir schon längst einen wunderbaren Schatz entdeckt, nach dem sie sich wirklich sehnt. Ein Schatz, von dem sie träumt und den sie so gerne von dir bekommen würde! Sie hat ihn sich selbst ausgesucht. Und dieser Schatz – das ist... dein ❤! Ja, dein Kinder❤!

Also: Sie wünscht sich, daß du ihr dein ❤ im Tausch gegen ihr eigenes ❤ schenkst. Und genau das ist die Weihe – so kannst du dich ihrem ❤ weihen.

Wenn du dich einmal entschieden hast, diese Weihe zu machen, so genügt es, wenn du sagst:

– Maria, heute schenke ich dir mein Herz, und ich empfange dein Unbeflecktes Herz, damit es mich lehrt, so zu lieben, wie du liebst.

Siehst du, es ist ganz einfach. Und selbst wenn du nicht so recht weißt, wie das geschieht, so macht das gar nichts. Maria – sie weiß es, und das genügt.

Wenn du diese Weihe öfters machst, zum Beispiel jeden Tag, wird es immer einfacher gehen. Du wirst dann von Tag zu Tag mehr erkennen, wie wundervoll Maria daran arbeitet, dein Leben zu verändern.

Da ihr ❤ wirklich dir gehört und dein ❤ ihr, rufe sie immer, wenn du sie brauchst. Sie wird da sein und dir helfen. Auch sie wird es dich ganz sanft in deinem ❤ spüren lassen (vor allem im Gebet), wenn sie dich braucht. So wirst du auf ihre Rufe antworten können.

Weißt du, **sie braucht dich – du bist sehr wichtig für sie!**

Und mit der Weihe werdet ihr die besten Freunde der Welt!

9 Tage

Nachdem du die Geschichte von Fatima kennst und ein Freund oder eine Freundin von Lucia, Francisco und Jacinta geworden bist, möchtest du bestimmt auch selbst etwas tun!

Deshalb haben sie für dich eine neue und **wundervolle Sache** vorbereitet, die dich sehr froh machen wird, vor allem, wenn du es so richtig mit ganzem ❤ tust!

Siehst du die 9 dunklen Bilder?

Auf jedem von ihnen siehst du etwas Trauriges, das heute in der Welt geschieht.

Schau sie dir genau an: Diese Leute sind so unglücklich! Man kann sie doch nicht so lassen!

Wir müssen etwas tun!

Zum Glück gibt es für jede dieser traurigen Situationen eine gute Lösung.

Betrachte die bunten Zeichnungen:

Hast du bemerkt, daß alle Personen glücklich geworden sind? Wie schön ist es, **die Traurigkeit in Freude zu verwandeln** und das Schlechte zum Guten zu wenden.

Das ist das Werk Gottes und der Jungfrau Maria. Aber du weißt ja: Sie brauchen deine Hilfe, um das Böse in Gutes zu verwandeln!

Möchtest du also wie deine neuen Freunde von Fatima sein, die Jesus und dem Unbefleckten Herzen Mariens so viel geholfen haben?

Wenn ja –, erfährst du jetzt, was du tun kannst:

9 Tage lang wirst du dich jeden Tag um eine dieser traurigen Situationen kümmern, damit sie beendet wird und sich in Freude verwandelt.

Und wie kannst du das tun?

Du weißt es bereits: Ganz einfach durch deine Gebete und deine kleinen Opfer! Dafür brauchst du nicht viel Zeit, sondern nur … viel Liebe. Und diese Waffen sind viel besser als Gewehre, Panzer oder Flugzeuge!

Jeden Tag suchst du dir eines der dunklen Bilder aus, betest für diese Menschen und bringst ein kleines Opfer, um ihnen zu helfen, aus dieser Situation herauszukommen.

Aber das ist noch nicht alles!

Wenn du das getan hast, dann hast du für Maria einen großen Sieg errungen, und dann erst kannst du das Bild mit den schönsten Farben ausmalen (dank deiner Gebete!).

Es gibt noch ein Heft extra zum Ausmalen!

So wirst du jeden Tag – und das 9 Tage lang – irgendeinem Menschen in der Welt etwas Gutes tun!

Und das nennt man eine Novene! Du kannst dir nicht vorstellen, wie sehr die Muttergottes Novenen liebt! Du wirst ihr damit eine riesige Freude machen – ist das nicht wunderbar!

Natürlich kannst du ganz allein entscheiden, ob du diese Novene machen willst oder nicht. Denn es ist keine Pflicht. Wenn du in deinem Herzen spürst, daß du Maria dieses schöne Geschenk machen willst, dann tu es! Aber überlege es dir gut, bevor du dich entscheidest – laß dir dabei Zeit!

Wenn du dich dafür entschieden hast, dann fülle die Vorderseite des Malheftes aus und … fang an!

für Maria

etwas Besonderes tun!

Fertig?

Auf zur

Suche dir jemanden in deiner Familie aus, der dich jeden Morgen daran erinnert:
«Vergiß heute deine Novene nicht!»

So findest du leichter den besten Moment am Tag, um sie zu beten.

Novene!

2
und ein Opfer …
Nein danke!
3
Toll, ich kann das Bild bunt ausmalen!
5
Siehst du? Wir haben gewonnen!

1. TAG

Entmutigt und hoffnungslos

Gebet:
Maria, wir bitten dich für alle Kinder und Jugendlichen, die es gerade sehr schwer haben.

Gewonnen! Er hat wieder Freude am Leben!

TAG 2.

Krieg

Gebet:

Danke Jesus, daß Du uns das Fasten und das Gebet gegeben hast, mit denen wir die Kriege beenden können.

Gewonnen! Sie schließen Frieden!

TAG 3.

Sie sterben vor Hunger ...

Gebet:

Danke Herr, daß Du die Erde mit genug Nahrung für alle geschaffen hast. Gib, daß viele Menschen miteinander teilen!

Gewonnen! Es gibt wirklich Menschen, die teilen!

TAG **4.**

Haß gegen Jesus

Gebet:
Jesus, wir beten Deinen Leib in der heiligen Eucharistie an. Mache, daß niemand mehr Dir oder Deiner Kirche weh tut!

Gewonnen! Jetzt beten sie Ihn an!
Beunruhige Dich nicht, Jesus, ich werde ihnen alle Deine Worte weitersagen.
Siehst Du, Jesus, ich bringe sie Dir alle wieder zurück. Das geschieht, weil die Kinder gebetet haben.
Du bist der König!
Ich werde für Dich arbeiten!
Wir werden Dich trösten!
Mit Dir habe ich keine Angst!
Ich bete Dich an!
Jesus, ich liebe Dich!

TAG 5.

Fegefeuer

Gebet:

Danke Maria, daß du unsere Gebete erhörst und die befreien wirst, die noch im Fegefeuer leiden.

Gewonnen! Sie kommen in den Himmel!

Alkoholismus

Gebet:

Herr, hilf denen, die sich selbst durch schlechte Gewohnheiten zerstören.

Gewonnen! Er ist vom Alkohol befreit!
Die Freude ist in dieses Haus zurückgekehrt!
Seit er vom Alkohol befreit ist, ist er ganz anders geworden!
Was du da machst ist Klasse, Papa. Kannst du mir das auch beibringen?

TAG 7.

Ein neues Leben?

Gebet:

Danke Jesus, für das Leben, das ein so schönes und großes Geschenk ist!

Gewonnen! Das Baby kommt bald auf die Welt!
Ich habe mein Baby schon so lieb!
Wie schön! Mama bereitet mir eine tolle Wiege vor!
Oh, bald kann ich mit ihr schmusen!

TAG 8.

Ohne Gott

Gebet

Maria, wir bitten dich für alle, die Gottes Liebe noch nicht kennen. Zeige ihnen Jesus!

Gewonnen! Sie haben Gott gefunden!

TAG 9.

Streit in der Familie

Gebet:

Maria, hilf, daß die Familien ganz fest zusammenhalten, damit Satan sie nicht zerstören kann.

Gewonnen! In der Familie haben sich wieder alle lieb!
Ja, ein ♥, das ist das Geheimnis! Dann ist die ganze Familie glücklich!
Toll, daß wir uns wieder gut verstehen!
Seit wir zusammen beten, hat sich alles verändert.
Wir waren dumm, daß wir nicht mehr miteinander geredet haben!

Verschiedene Gebete …

☆ **Vater unser im Himmel,** geheiligt werde dein Name, dein Reich komme, dein Wille geschehe wie im Himmel so auf Erden. Unser tägliches Brot gib uns heute, und vergib uns unsere Schuld, wie auch wir vergeben unseren Schuldigern. Und führe uns nicht in Versuchung, sondern erlöse uns von dem Bösen.

☆ **Gegrüßet seist du, Maria**, voll der Gnade, der Herr ist mit dir, du bist gebenedeit unter den Frauen, und gebenedeit ist die Frucht deines Leibes, Jesus.
Heilige Maria, Mutter Gottes,
bitte für uns Sünder, jetzt und
in der Stunde unseres Todes. Amen!

☆ **Ehre sei dem Vater** und dem Sohn und dem Heiligen Geist, wie im Anfang, so auch jetzt und alle Zeit, und in Ewigkeit. Amen!

☆ **O mein Jesus**, verzeih uns unsere Sünden, bewahre uns vor dem Feuer der Hölle, führe alle Seelen in den Himmel, besonders jene, die deiner Barmherzigkeit am meisten bedürfen.

☆ **Unbeflecktes Herz Mariens,** bitte für uns.

☆ **Mein Gott, ich glaube** an dich, ich bete dich an, ich hoffe auf dich, und ich liebe dich. Ich bitte dich um Verzeihung für diejenigen, die nicht an dich glauben, dich nicht anbeten, nicht auf dich hoffen und dich nicht lieben.

☆ **O Unbeflecktes Herz Mariens**,
überfließend von Güte,
zeige uns deine Liebe zu uns.
Die Flamme deines Herzens, o Maria,
komme auf alle Völker herab.
Wir lieben dich unermeßlich.

☆ **O Jesus**, wir wissen, daß du sanftmütig bist;
daß du dein Herz für uns hingegeben hast.
Durch unsere Sünden wurde es mit Dornen gekrönt.
Wir lieben dich.
Komm in jedes Herz, Jesus!
Klopfe an der Tür unseres Herzens.
Mache, daß sich unsere Herzen dir öffnen,
wenigstens dann, daß wir uns an deine Leiden erinnern, die du für uns erlitten hast.

☆ **O Jesus**, sanftmütig und von Herzen demütig, bilde mein Herz nach deinem Herzen.

☆ **Heiligstes Herz Jesu**, ich vertraue auf dich.

☆ **Heiligste Dreifaltigkeit**, Vater, Sohn und Heiliger Geist, ich bete dich von Herzen an, und ich opfere dir den kostbarsten Leib, Blut, Seele und Gottheit Jesu Christi auf, anwesend in allen Tabernakeln der Welt, zur Sühne für all die Beleidigungen, Lästerungen und Gleichgültigkeiten, mit denen er selber verletzt wird. Durch die Verdienste seines Heiligsten Herzens und des Unbefleckten Herzens Mariens bitte ich dich um die Bekehrung der armen Sünder.

... und Opfer

Einen Freund **trösten**, der traurig ist, anstatt ihn alleine zu lassen.

Mama oder Papa fröhlich und ohne zu murren **helfen**.

Jemandem **etwas Nettes sagen oder tun**, den du nicht so gerne magst.

Wenn du etwas angestellt hast, es sofort sagen, anstatt es zu verheimlichen.

Wenn dir jemand eine Gemeinheit sagt, nichts darauf antworten, sondern Jesus bitten, ihm zu helfen.

Jemandem ein Spielzeug **schenken**, das du gern hast oder etwas von deinem Taschengeld, um ihm damit eine Freude zu machen.

Sofort aufstehen, wenn Mama dich morgens weckt.

Still bleiben, wenn du Schimpfwörter gebrauchen möchtest, und statt dessen Jesus in deinem ❤ zulächeln.

Deinen Teller leer essen, auch wenn du keine Lust hast.

Dich vom Fernseher losreißen und statt dessen etwas Nützliches tun oder für die Sünder beten.

Die Bonbons, die du in Reserve hast, **mit anderen teilen**.

Dich nicht beklagen, wenn du benachteiligt wirst.

Wann ist der beste Zeitpunkt, um der heiligen Jungfrau Maria deine Novene als Geschenk zu bringen?

Natürlich an ihrem Fest!

Und es trifft sich gut, daß sie im Jahr mehrere Feste hat!
Vielleicht weißt du die Daten nicht so genau?

1. Januar -	**Hochfest Maria, Muttergottes**
2. Februar -	**Maria und Josef bringen Jesus im Tempel dar**
11. Februar -	**Unsere Liebe Frau von Lourdes**
25. März -	**Verkündigung des Herrn: Der Engel Gabriel verkündet Maria, daß sie die Mutter Gottes wird**
April -	**Ostern: Auferstehung Jesu** (jedes Jahr an einem anderen Datum – schau in deinen Kalender)
13. Mai -	**Unsere Liebe Frau von Fatima**
Juni -	**Unbeflecktes Herz Mariens** (acht Tage nach dem Herz-Jesu-Fest, – schau in deinen Kalender)
2. Juli -	**Heimsuchung: Maria besucht ihre Kusine Elisabeth**
16. Juli -	**Unsere Liebe Frau vom Berg Karmel**
15. August -	**Maria wird mit Leib und Seele in den Himmel aufgenommen**
22. August -	**Maria wird als Königin des Himmels und der Erde gekrönt**
8. Sept. -	**Mariä Geburt**
15. Sept. -	**Unsere Liebe Frau von den Sieben Schmerzen**
7. Oktober -	**Unsere Liebe Frau vom Rosenkranz**
21. Nov. -	**Die Eltern Mariens bringen sie im Tempel dar**
8. Dezember -	**Unbefleckte Empfängnis: Maria wurde im Schoß ihrer Mutter empfangen, ohne den Makel der Erbsünde**
25. Dez. -	**Weihnachten: Maria bringt das Jesuskind zur Welt.**

Jeden ersten Samstag im Monat feiern wir auch das Unbefleckte Herz Mariens.

Denk daran:
Damit dein Geschenk am Festtag bereit ist, mußt du die Novene 9 Tage vorher beginnen.

Um mehr zu erfahren über Fatima

- *Erscheinungen in Fatima*, ein prachtvoller Video-Spielfilm von D. Costelle, 90 Min., auch für Kinder geeignet
- *Maria spricht zur Welt*, 1917 in Fatima, G. da Fonseca, 484 S., Paulus-Verlag
- *Fatima, Botschaft und Erfüllung*, Adolf Fugel, 64 S., Kanisius-Verlag, 1995
- *Fatima Gebetbuch*, E. Schneider, 176 S., Miriam-Verlag, 1990
- *Sr. Lucia spricht über Fatima*, P. Luis Kondor, Christiana-Verlag, 1987

Parvis-Verlag, CH-1648 Hauteville
ISBN 3-907523-76-8 Gedruckt in Belgien